AF232261

L 27 n
26011

DISCOURS

PRONONCÉS A NANCY

LE MARDI 27 JUIN 1871

SUR LA TOMBE

DE

M. HUBERT-EDGARD-CHARLES-MARIE ZÆPFFEL

AVOCAT, GARDE MOBILE

MORT A PARIS

LE 19 FÉVRIER 1871

DISCOURS DE M. VOLLAND

Avocat, ancien Bâtonnier

Messieurs,

Ne laissons pas refermer cette tombe sans dire un dernier adieu à notre jeune et regretté confrère.

Il a passé bien peu de temps parmi nous ; mais nous l'attendions depuis plusieurs années, nous suivions ses progrès avec intérêt, avec affection, nous applaudissions à ses succès, et le jour où il est entré dans notre Ordre, nous savions que nous venions de nous enrichir d'un brillant athlète pour nos luttes futures. C'était une de nos meilleures, de nos plus légitimes espérances....... *Tu Marcellus eris !*

La guerre nous l'a enlevé. Le jour où la France en danger faisait appel à tous ses enfants, quittant ses pacifiques études, ses livres sur lesquels il avait tant de fois veillé,

sa famille qu'il ne devait plus revoir, hélas !
il courut où l'appelaient le devoir et le patriotisme.

Notre sollicitude le suivait dans cette nouvelle carrière. Vous souvenez-vous de ces
jours de deuil où quelques échos lointains
nous apportaient à peine des nouvelles in-
certaines de tant d'êtres chéris ? Nous avions
fini par connaître tous nos braves et pauvres absents, par les aimer comme s'ils ap-
partenaient à nos propres familles. Avec
quelle anxiété nous recueillions le moindre
bruit, la rumeur la plus fugitive ! Avec quelle
émotion nous redisions les noms de ceux
qui étaient tombés sur le champ de bataille
et les noms de ceux qui étaient sortis du
combat sains et saufs ! Et quel bonheur,
quand, à la fin de cet horrible siége, comptant ceux qui nous restaient, nous avons pu
dire enfin : Zæpffel va revenir, Zæpffel est
sauvé !... Sauvé? mon Dieu !

Et le lendemain, nous apprenions qu'il
s'était éteint, miné par les privations, par
les fatigues, par un mal inexplicable ! Qu'il
était mort seul, isolé, loin des siens, sans
avoir pu recevoir les derniers embrasse-

ments de sa mère, et que nous ne devions plus ravoir de lui que les restes inanimés qui sont là !

Adieu donc, restes sacrés! Adieu, nos espérances brisées! Adieu, noble et malheureux soldat de la France envahie ! Adieu, pauvre et cher confrère, encore une fois, adieu !

DISCOURS DE M. JALABERT

Doyen de la Faculté de Droit

Messieurs,

L'un des jours les plus sombres de l'année dernière, le **10** août, répondant à l'appel de la patrie, Hubert Zæpffel s'arrachait à ses études favorites, à la tendresse d'un père et d'une mère bien-aimés, à la douce intimité de la famille dont il jouissait si profondément. Sans ombre d'hésitation, mais aussi sans illusion sur le danger, il faisait résolûment ses adieux à tout ce qu'il aimait ; ses dispositions dernières étaient prises comme s'il ne devait plus revoir les êtres si chers qu'il laissait derrière lui. Ce secret pressentiment ne l'avait pas trompé, et sa dépouille mortelle devait seule revenir ici, ramenée par la piété courageuse d'une mère, au milieu des larmes et des prières des siens.

A cet aspect qui renouvelle toutes nos dou-

DISCOURS DE M. VOLLAND

Avocat, ancien Bâtonnier

MESSIEURS,

Ne laissons pas refermer cette tombe sans dire un dernier adieu à notre jeune et regretté confrère.

Il a passé bien peu de temps parmi nous ; mais nous l'attendions depuis plusieurs années, nous suivions ses progrès avec intérêt, avec affection, nous applaudissions à ses succès, et le jour où il est entré dans notre Ordre, nous savions que nous venions de nous enrichir d'un brillant athlète pour nos luttes futures. C'était une de nos meilleures, de nos plus légitimes espérances....... *Tu Marcellus eris !*

La guerre nous l'a enlevé. Le jour où la France en danger faisait appel à tous ses enfants, quittant ses pacifiques études, ses livres sur lesquels il avait tant de fois veillé,

DISCOURS DE M. JALABERT

Doyen de la Faculté de Droit

Messieurs,

L'un des jours les plus sombres de l'année dernière, le 10 août, répondant à l'appel de la patrie, Hubert Zæpffel s'arrachait à ses études favorites, à la tendresse d'un père et d'une mère bien-aimés, à la douce intimité de la famille dont il jouissait si profondément. Sans ombre d'hésitation, mais aussi sans illusion sur le danger, il faisait résolûment ses adieux à tout ce qu'il aimait ; ses dispositions dernières étaient prises comme s'il ne devait plus revoir les êtres si chers qu'il laissait derrière lui. Ce secret pressentiment ne l'avait pas trompé, et sa dépouille mortelle devait seule revenir ici, ramenée par la piété courageuse d'une mère, au milieu des larmes et des prières des siens.

A cet aspect qui renouvelle toutes nos dou-

leurs, notre cœur déborde de tristesse et l'é-
tendue de notre perte nous apparaît plus
grande que jamais. Ce n'était pas, en effet,
un homme ordinaire que notre Zæpffel, il
avait reçu de la Providence les dons les plus
heureux : une éducation virile, d'inapprécia-
bles exemples placés près de lui les avaient
développés, et, ce qui est mieux encore, depuis son enfance, il avait travaillé lui-même
avec énergie et persévérance à les faire fruc-
tifier. De là, une croissance morale continue
une vie intérieure intense, une obéissance
sans réserve à la loi du devoir, une foi reli-
gieuse de cœur et d'esprit qui le distinguaient
entre tous. Nous retrouvions en lui le type
de ce qu'il y a de meilleur, de plus saint, de
plus pur dans la jeunesse. Que de fois, en le
voyant tenir d'une main si ferme le gouvernail
à travers les écueils de l'âge critique, nous
avons ressenti cette impression si heureuse-
ment exprimée par Vauvenargues : « *Les
premiers jours du printemps ont moins de
grâce que la vertu naissante d'un jeune homme.* » Avec quelle sécurité et quel charme
nous le suivions dans ses études? Elève du
Lycée, étudiant en droit, Licencié ès-lettres,

aspirant au **Doctorat** et à l'**Agrégation**, il ne trompa jamais aucune attente et dépassa bien souvent toutes les espérances. Partout il occupait l'un des premiers rangs, et ses succès le laissaient simple, modeste, se défiant de lui-même, ne comptant que sur le travail.

Il portait l'image de la santé florissante de l'âme et de l'esprit : l'équilibre de ses facultés était complet, on sentait qu'il avait une entière possession de lui-même et qu'il était pleinement dans l'ordre moral. Son intelligence lucide, compréhensive, pénétrante, se fortifiait et s'enrichissait tous les jours, pendant que son cœur se nourrissait de toutes les saintes affections du fils, du frère, de l'ami, du chrétien. Sa piété si tendre pour ses parents, sa sollicitude presque paternelle pour son frère et sa sœur, son affection si vive et si fidèle pour ses amis semblaient s'accroître avec le temps. Son respect et sa reconnaissance pour ses maîtres étaient si sincères et si profonds qu'il semblait avoir prêté ce serment d'Hippocrate : « *Je jure de regarder mon maître comme un père et d'être un frère dévoué pour ses enfants et pour ses disciples.* » Ses camarades peuvent rendre témoignage de la franche cordialité qu'il apportait dans ses relations avec eux. Avec un caractère si sûr, une conduite si droite, une parole si loyale, une humeur si égale, il inspirait à tous estime, confiance, respect instinctif. On ne le vit jamais affecter aucune supériorité, il ne prêcha jamais que d'exemple : mais quelle salutaire influence n'a-t-il pas exercée sur ceux qui l'entouraient ? On le trouvait partout où il y avait du bien à faire, quelque devoir obscur à accomplir ; il se pénétrait de l'esprit de saint Vincent de Paul dans ses visites aux pauvres et aux malades. Sa piété sincère ne recherchait ni ne fuyait le grand jour : il était vrai dans toutes les manifestations de ses convictions morales et religieuses, et, avec une répulsion profonde pour le mal sous toutes ses formes, il n'était sévère que pour lui-même, étendant sur les fautes d'autrui le voile de la charité chrétienne.

C'est ainsi qu'il était préparé aux grandes luttes de la vie et qu'il semblait destiné à propager autour de lui toutes les vérités et tous les sentiments qui faisaient le fond de son être. Dieu en a décidé autrement dans sa suprême sagesse ; après l'avoir soumis à une dernière et décisive épreuve, il l'a jugé mûr pour l'immortalité. Ce jeune savant a dû laisser ses livres, ses chers travaux commencés, pour mener la dure existence du soldat ; cet homme de paix a dû voir de près toutes les horreurs de la guerre ; ce fils si tendre a dû échanger l'atmosphère embaumée d'amour de la famille pour celle des camps et des ambulances, privé pendant quatre mois et demi de toute communication avec les siens. Eh bien ! l'épreuve n'a pas été au-dessus de ses forces, ou plutôt la grâce d'en haut ne lui a pas manqué ; il a cruellement souffert, mais il n'a pas faibli. Toujours le premier à son poste, courageux sans surexcitation, fermement résigné devant le danger, ne se plaignant jamais ni du froid, ni de la fatigue, ni des privations inévitables de cette existence, il a rempli ses nouveaux devoirs avec sa simplicité ordinaire. Et puis, quand il a été attaché au service des ambulances de Paris, où son cœur devait être déchiré par le spectacle incessamment renouvelé des plus affreuses misères, il ne s'est pas

borné à s'acquitter scrupuleusement de ses
devoirs administratifs. Le disciple de Jésus-
Christ s'est retrouvé sous l'enveloppe du
garde mobile, il a soutenu les malades, as-
sisté les blessés, il s'est fait tout à tous,
adoucissant les douleurs morales, calmant
les angoisses, et sachant faire luire les su-
prêmes espérances aux yeux des mourants.

L'épreuve était-elle achevée ? Non, pas encore : l'armistice est venu, la paix s'est im-
posée, fatale, inévitable ; après les premiers
jours donnés aux douleurs nationales, il était
permis à Zæpffel d'entrevoir cette réunion
de famille tant désirée : les premières lettres
après lesquelles il avait si ardemment et si
vainement soupiré lui parviennent enfin.
Rassuré sur le sort des siens, il n'est plus
séparé d'eux que par quelques jours ; mais
au moment où il voudrait être tout à l'es-
poir, des symptômes confus, le sentiment
d'un malaise indéfinissable lui font craindre
que ces quelques jours mêmes ne lui appar-
tiennent plus, et le **18** février, il adresse à
sa mère un tendre et pressant appel, il la
supplie de venir : il lui semble que sa vue le
guérira. Le soir, malgré son abattement

physique, il refuse l'hospitalité offerte par un de ses oncles, voulant être de bonne heure à sa tâche le lendemain, et dans la nuit il succombait sous l'étreinte d'un mal mystérieux.

Qu'il ait vu venir la mort à ses derniers moments ou qu'il ait été comme foudroyé, nous savons qu'il était prêt autant qu'on peut l'être en ce monde. Sa vie nous en donnerait l'assurance, quand ses derniers écrits ne l'attesteraient pas : « *Mon sacrifice est fait,* disait-il, *mais mon cœur saigne quand je pense à ma mère et à mes parents.* » Cette préoccupation filiale se retrouve dans tous les messages qu'il avait préparés en prévision de la dernière heure ; il demandait à son père de soutenir, de consoler sa mère : il suppliait celle-ci d'être calme, résignée, confiante, il lui montrait la puissance des consolations chrétiennes. « *A quoi servirait la religion,* ajoutait-il, *si elle ne donnait le courage dans les épreuves ?* » Il rappelait cette parole du Sauveur : « *Celui qui croit en moi ne mourra point. — Or,* écrivait-il, *je crois en lui de tout mon cœur.* »

Cette voix convaincue, qui semble sortir

de la tombe et nous vient de l'autre vie, se fait entendre pour le raffermissement des cœurs brisés. Elle donne à ces parents, chargés d'une double croix, la force et le courage d'accepter la dispensation qui les prive ici-bas de cet enfant qui était leur joie, leur légitime orgueil, la réalisation de leurs rêves. Ils se souviennent aussi de cette divine promesse « *Bienheureux ceux qui ont le cœur* « *pur, car ils verront Dieu,* » et ils ont le droit d'espérer que leur fils bien-aimé a entendu cette ravissante parole du Maître céleste : « *Cela va bien, bon et fidèle serviteur,* « *tu as été fidèle en peu de choses, je t'établi-* « *rai sur beaucoup; entre dans la joie de ton* « *Seigneur.* »

Pour nous, ses maîtres et ses amis, qui l'aimerons toujours, nous demandons à Dieu la grâce de recevoir cette même couronne de vie qui lui a été réservée et de nous réunir un jour et pour jamais à ce cher ressuscité qui nous attend dans l'éternelle patrie.

✝

DISCOURS DE M. EDMOND ORY

Avocat.

Messieurs,

Des voix plus autorisées et plus éloquentes
que la mienne viennent de vous dire ce qu'é-
tait Hubert Zæpffel pour les siens, ce qu'il
fut comme étudiant, comme avocat et comme
soldat ; elles vous ont retracé cette vie si
courte, hélas ! mais déjà si bien remplie et
dont chaque étape fut un éclatant succès ;
enfin, elles vous ont exprimé avec quelle profonde tristesse et quelle pénible émotion
avait été accueillie la nouvelle de cette mort
si prématurée.

En s'associant, tout entière, au deuil et à
la douleur d'une honorable famille si cruellement éprouvée, notre cité a bien compris
qu'elle venait de perdre un des membres les
plus intelligents et les plus distingués de sa
jeune génération, un de ceux qui étaient le

mieux préparés pour lui apporter plus tard des dédommagements aux douleurs présentes, et qui lui promettaient peut-être pour l'avenir une gloire de plus.

Je ne reviendrai donc pas, Messieurs, sur les phases brillantes de la carrière de celui qui fut mon condisciple et mon ami : je n'ai à vous parler ni de ses laborieuses études, ni de sa belle conduite à Paris, ni de son patriotisme ; mais laissez-moi vous le montrer tel qu'il était dans la vie intime, avec ses attachantes qualités, sa générosité de cœur, sa piété sincère, son amitié solide et sûre. — Nature sympathique et délicate s'il en fût, fortement trempée par une éducation vraiment chrétienne, il possédait à un haut degré cet esprit de charité et de dévouement qui donne tant de charmes aux relations et conquiert si vite l'amitié. — D'une complaisance à toute épreuve, il semblait trop heureux d'être utile à ses amis et paraissait votre obligé s'il vous avait pu rendre service.

Qui de ses camarades d'école ne se rappelle avec émotion ses délicieuses causeries, ses savantes et agréables discussions, enfin cet enjouement, cette franche gaîté de ca-

ractère qui donnait à sa société tant de prix
et d'agrément? D'ailleurs, on avait tout à ga-
gner à un commerce intime avec cette âme
si affectueuse et si exceptionnellement douée;
un travail opiniâtre joint à une mémoire heu-
reuse, à une vive intelligence, lui avait permis d'amasser avant l'âge un fonds riche et
varié de connaissances, où l'on aimait à
puiser dans de familiers entretiens, assuré
que l'on était d'être toujours renseigné avec
autant d'empressement que de modestie.

Pourquoi, mon cher ami, la mort est-elle
venue rompre de si douces affections, et ar-
rêter la continuation des sympathiques sentiments qui nous unissaient? Ah ! si votre perte
me laisse un vide qui ne pourra se combler,
votre souvenir du moins me restera précieux
et cher, comme votre mémoire sera religieu-
sement conservée par tous ceux qui vous ont
connu.

Puisse l'unanimité des regrets que votre
mort excite apporter quelque adoucissement
à la douleur de votre famille et l'aider à sup-
porter cette terrible séparation. Sans doute,
le cœur se serre et se brise en voyant revenir ainsi, couché dans un cercueil, celui que

nous quittions il y a dix mois à peine plein de vie et d'espérances ! Mais la foi vient tempérer l'amertume des larmes que la nature fait répandre. En le rappelant si tôt de ce monde, la Providence a voulu hâter sa récompense à celui qui fut ici-bas un modèle du devoir.

Et maintenant, adieu ! mon bon Hubert, mon cher ami, repose dans la paix de l'Eternel, et puissions-nous un jour nous rejoindre dans la céleste patrie.